ESSAI HISTORIQUE

SUR

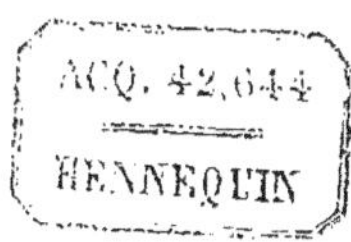

L'EMPEREUR NAPOLÉON

PAR E. DUTILLEUL,

AVOCAT.

2ᵉ Édition.

PARIS,

IMPRIMERIE DE COSSE ET G.-LAGUIONIE,

Rue Christine, 2.

—

1841

A

Son Altesse Royale

LE PRINCE PAUL DE WURTEMBERG.

Monseigneur,

*Votre amour pour les sciences, les arts
& les lettres, la protection éclairée que vous
leur accordez, me donnent la hardiesse de*

placer sous le patronage de votre nom, une

œuvre sans doute indigne de votre Altesse

Royale, mais qui, à l'abri de votre indul-

gence, grandira pour être une preuve & de

votre bonté infinie & de la gratitude de

Votre très humble Serviteur,

E. Dutilleul.

ESSAI HISTORIQUE.

En 1783, près de ce château de Brienne, où l'orgie philosophique, les voluptés raffinées et l'éclat des conversations à la mode, amusaient les loisirs d'un ministre imprudent, un jeune élève de l'école militaire voisine, étranger, pauvre, triste et silencieux, étudiait les mathématiques et la géométrie.

Quelques années plus tard, lorsque la France, tombée en

dissolution, essayait par des efforts convulsifs une réorganisation impossible, un barbier d'Auxonne avait pour locataire un jeune sous-lieutenant d'artillerie, taciturne, isolé, impérieux, estimé plutôt qu'aimé ; écrivant beaucoup, travaillant toujours, et manquant quelquefois d'argent. Le fameux Laplace, son examinateur, l'avait fait passer lieutenant en second, comme *ayant en mathématiques des connaissances suffisantes.* Ses hôtes lui reprochaient sa fierté : on s'étonnait de cette hauteur chez un officier pauvre. Un lit sans rideaux, deux chaises, une table chargée de papiers et de livres, composaient son ameublement. Son frère, qui se nommait Louis, couchait dans la chambre voisine sur un matelas sans couverture. Tous les matins, à quatre heures, le lieutenant partait à pied d'Auxonne, faisait deux lieues et demie, arrivait à Dôle, corrigeait les épreuves d'un pamphlet républicain, composé par lui et imprimé par le libraire Joly, déjeunait frugalement, et revenait à Auxonne faire son service.

Il avait 21 ans alors ; la révolution se précipitait sur sa pente sanglante. La République nouvelle était aux abois, et la terreur à l'ordre du jour. Le lion populaire, cerné par l'Europe armée, ivre de fureur, nageait dans le sang de ses ennemis et dans son propre sang. Les Anglais avaient pris Toulon ; le nord et le midi envahis à la fois, la guerre civile à Paris, la Vendée triomphante à Nantes, soixante départements rebelles, la disette, le trésor vide et le crédit épuisé : telle était la France en 1793.

Le lieutenant est devenu chef de brigade et sert devant Toulon, sous les ordres de Cartaux, peintre, que la révolution a fait général ; de Doppet, médecin, général comme Cartaux ; de Dugommier, l'élève de Washington ; et des représentants du peuple, guerriers improvisés : Robespierre jeune, Barras et Salicetti. Le jeune officier dormant sur un canon, actif, infatigable, de petite taille, de parole brève, de résolution hardie, ne fait ombrage à personne. On ne voit pas que cet homme sombre et triste, si prompt à obéir, saura commander.

Depuis quatre mois, Toulon résiste; le pavillon bleu flotte sur les murailles qu'il insulte; les Anglais approvisionnent leur garnison par la mer, ils ont occupé les hauteurs environnantes; le fort Malbosquet, la gorge d'Olliule sont à eux. L'armée républicaine désespère du succès; et, sous la République, ne pas réussir, c'est périr. Le conseil de guerre assemblé ne sait quelle résolution prendre; tous les projets se combattent, et tous les plans se contredisent. Dans cette incertitude, une voix ferme et modeste s'élève : « Le fort l'Eguillette domine la ville; on peut s'en saisir; « l'entreprise est difficile et veut une grande rapidité de « mouvement; pourquoi ne pas la tenter? » L'homme qui parle ainsi est l'officier d'artillerie, au front pâle. On l'écoute avec étonnement et avec dédain : sa jeunesse, son inexpérience et son audace méritent peu de confiance. Mais le général Dugommier ne pense point comme ses confrères. Il dit à Napoléon Bonaparte : « Essayez! » A travers les ravins, les rochers et les précipices, sous le feu des batteries, dans l'obscurité de la nuit, la petite troupe commandée par le chef de brigade s'empare du fort; la fumée de la poudre laisse voir le drapeau tricolore flottant sur le bastion. Les Anglais reconnaissent leur faute, devinent leur perte, lèvent l'ancre et quittent la ville. Toulon est rendu à la République. L'officier d'artillerie avait raison.

Laissons encore s'écouler quatre années. La République,

puissante pour combattre, impuissante à créer, s'est dévo-
rée elle-même. Elle a repoussé l'Europe, vaincu les rois,
fait trembler les nations; et de victoire en victoire, de vengeance en vengeance, inhabile à créer la paix sociale, elle
n'a atteint qu'une gloire terrible et sanglante. Forte contre
le monde civilisé qui a conjuré sa perte, elle ne sait point
se défendre contre elle-même. Les éléments enflammés dont
elle dispose et qui ont déjoué les coalitions, reviennent
agir sur la République et la détruisent : vingt mille citoyens
morts sur l'échafaud ne l'ont point affermie. En vain la redoutable assemblée qui a condamné Louis XVI, essaie
de reconstituer l'ordre : on l'accuse de confisquer la révolution à son profit. En butte aux masses ardentes qu'elle
a précipitées au combat, elle ne peut ni les contenir, ni les
apaiser. Les chefs de tous les partis ont déjà livré leur
tête au bourreau; mais le peuple reste et choisit au hasard
de nouveaux chefs qu'il va sacrifier encore. Une dernière
insurrection, plus effrayante et mieux organisée que les
autres, marche contre la convention; les sections disposent
de quarante mille hommes armés. La convention leur oppose six mille hommes, un général faible et imprévoyant,
un homme de luxe et de plaisir, Barras.

Ici va reparaître l'officier d'artillerie, élevé à Brienne,
cantonné à Auxonne et victorieux à Toulon : on l'avait
oublié. Soit que la supériorité de son coup d'œil eût donné
l'éveil à la jalousie, ou que sa pauvreté l'eût condamné à
l'obscurité; il avait traîné à Paris une vie misérable. On
le voyait plus pâle et plus rêveur que jamais, se promener
seul, vêtu d'un habit râpé, sous les allées obscures des Tuileries, et dîner avec l'acteur Talma, quand il pouvait dîner.
Barras, nommé commandant des troupes conventionnel-

les, comprend le péril de la défense qui lui est confiée. Il se rappelle et le siège de Toulon et Bonaparte. C'est Bonaparte qu'il propose à la convention, en qualité de commandant en second. La convention délibère; le chef de brigade en demi-solde, toujours triste et soucieux, se trouve dans la galerie. Il demande une demi-heure pour réfléchir; on la lui accorde; cette demi-heure écoulée, il répond : « oui. »

L'affaire ira vite, comme celle de Toulon. Au camp des Sablons le parc d'artillerie gardé par vingt hommes, tombe en son pouvoir.

Le guichet du Louvre, le cul-de-sac Dauphine, les abords des Tuileries s'enveloppent d'une ceinture de baïonnettes; la convention reçoit du jeune homme huit cents mousquets et des cartouches pour se défendre en cas de nécessité. Les sections tentent de séduire la troupe et Bonaparte; Bonaparte reste immobile. Les sections marchent au pas de charge; Bonaparte attend. Au moment fatal, il commande, feu! Sur les marches de Saint-Roch, sur le pont Royal, deux cents révoltés tombent écrasés, tout cède, tout fuit! « Il est faux, dit Bonaparte, dans ses mémoi- « res, que nous ayons tiré à poudre, comme on l'a pré- « tendu; c'eût été prolonger le combat, et rendre l'action « plus meurtrière! » Non, certes, l'officier d'artillerie n'eût pas commis cette faute. Toute sa vie il ira droit au but, et choisira le chemin le plus court; tel, nous l'avons vu, franchir les trois premiers degrés de sa fortune; tel il se montrera jusqu'au bout; calculateur exact et instantané du danger et du succès, étranger aux passions qui l'entourent; rapide, ardent, calme et précis, phénomène unique dans l'histoire des peuples, il sera Empereur des Français.

Sa grandeur future et son ascendant sur le siècle dont il a dominé les premières années, s'expliquent par les qualités que nous venons de signaler. J'ai voulu les saisir à leur premier éveil, et dans leur déploiement le plus naïf. Courage contre le sort, fermeté inébranlable, justesse de coup d'œil, promptitude d'exécution, génie d'organisation, empire sur les hommes, connaissance des choses, emploi des moyens, divination de l'avenir : voilà les ressources apportées au milieu d'une république misérable et croulante, par cet homme pauvre et ignoré. La fortune lui offrait peu de chances. Il était étranger, sans patrimoine et sans relations. Ses mœurs simples et sa réserve froide trahissaient son origine corse, et ne sympathisaient ni avec la gaieté sociale des Français, ni avec la fougue enthousiaste d'une révolution nouvelle. Il a tous ces obstacles à vaincre et ne leur oppose que le sang-froid, la persévérance et la méditation. On le remarque à peine et seulement pour les qualités honnêtes et modestes qui n'excitent ni l'envie ni le dédain. Il ne presse point la destinée, ne gourmande pas les événements tardifs, ne se laisse point abattre par une ambition inassouvie. Il sait attendre. Il n'a point d'impatience contre les choses, ni de colère contre les hommes. Il ne se révolte pas contre les incapacités qui le dominent, et ne veut point se faire un nom par des routes étrangères à son propre génie. Il se garantit de toute imprudence qui compromette son avenir, et de toute précipitation insensée. Cette époque de sa carrière sur laquelle les historiens ne s'arrêtent pas, me semble la plus curieuse et la plus instructive de toutes les phases qu'il a parcourues. Songez à ce qu'un tel homme a dû souffrir, rêver, espérer, méditer, et dévorer de secrètes amertumes, relégué dans une garnison de province, éclipsé par des chefs ignorants, oublié par la Convention ; enfin réduit aux doubles angoisses de l'obscurité et de la pauvreté. Jamais homme ne profita d'une occasion avec cette sûreté, cette vigueur et cette promptitude. De sa quinzième à sa vingt-deuxième année, deux chances seulement se présentent qu'il puisse mettre à profit ; Toulon et Barras. Comme il les saisit ! L'aigle ne tombe pas d'un élan plus impétueux et plus foudroyant sur la proie offerte.

La Convention reconnaissante nomme Bonaparte général de l'armée de l'intérieur. Je ne vois plus, depuis cette époque, qu'un enchaînement inévitable dans les destinées de *Napoléon*. Déjà, c'est une figure isolée, et comme une tête de bronze qui s'élève au milieu des passions et des orages contemporains. Si l'on veut des discours ou des intrigues, on peut s'adresser ailleurs ! Mais le succès, maître des choses, obéit à ce jeune homme. Il sera un instrument de victoire, qu'emploiera la République mourante, jusqu'au moment où la République morte, deviendra son instrument d'empire. Il se prête à cette nécessité de sa vie, cherche un appui dans la société française, l'établit par son alliance avec une femme aimée et brillante ; se rapproche de Carnot, génie systématique, et reçoit de lui la mission de réorganiser l'armée des Alpes, que Scherer et Kellermann viennent de compromettre. Ces troupes n'ont point de vivres, de munitions, ni d'habits. Bonaparte quitte Paris avec le titre de général en chef de l'armée d'Italie ; nouvelle mission désespérée dont le soldat de fortune est chargé. Il saura trouver le succès.

A son arrivée, il enflamme d'enthousiasme cette armée pauvre, la relève par la victoire, et fonde sa dictature. Il

tourne les Alpes avec ces trente mille hommes qui n'ont
pas de souliers; les précipite sur le centre des quatre-vingt-
dix mille Autrichiens et Sardes; culbute ces derniers à
Montenotte et à Millesimo; abat tout devant lui; sépare
les Piémontais des Autrichiens; pénètre au cœur de l'Italie; se replie sur Mondovi, pour ne pas laisser d'ennemis
sur ses derrières; et, suppléant au nombre par la rapidité,
au manque de vivres par les victoires, poussant de péril
en péril et de triomphe en triomphe l'impétuosité des
Français, il contraint la Sardaigne à signer une paix hon-
teuse pour elle, et à livrer la Savoie. Il est déjà roi. Cette
armée affamée et désolée naguère, brillante maintenant,
est prête à tout, et ne croit plus qu'en lui. Ce général,
nommé par le Directoire, sent sa force, en use, fait domi-
ner sa volonté, donne des ordres, et n'en reçoit plus. Dé-
barrassé du Piémont, maître d'une armée avide de conti-
nuer sa gloire, il tombe sur la Lombardie, emporte le pont
de Lodi, prend Milan, Crémone, Pavie, Como, Cassano,
Gênes et bloque Mantoue. L'Italie est à lui. L'Autriche
épouvantée envoie une armée nouvelle et le feld-maré-
chal Wurmser; le Directoire, non moins effrayé du maître
qu'il s'est donné, le laisse seul, sans lui faire parvenir de
renforts, lutter avec vingt mille soldats contre cent cin-
quante mille hommes et une population hostile. Il comprend sa position, la maîtrise et l'affronte. Son génie,
comme il arrive toujours, a groupé autour de lui les talents
dévoués, et les courages habiles. Avec Augereau, Masséna,
Lannes, Murat, Belliard, Berthier, Joubert, Serrurier,
Laharpe, il bat Wurmser à Castiglione et à Lonato; Alvinzi
à Rivoli et à Arcole; anéantit la seconde et la troisième armée autrichienne, impose à tous les gouvernements ita-

liens ses contributions, ses décrets et ses lois, fait retentir dans ses bulletins ce terrible *moi* impérial que le Directoire est forcé d'entendre, et sous le titre de général, est plus souverainement monarque, que tous les rois de l'Europe. Qui oserait l'attaquer, ou entraver sa fortune?

Agrandir et diriger les résultats de cette fortune; humilier les aristocraties et les princes d'Italie; achever de s'attacher l'âme et la volonté du soldat; enrichir la France; réparer la défaite de Jourdan; ajouter à la République Mantoue, le Bolonais et la Romagne; soumettre la Carinthie, la Styrie et le Frioul; dicter la paix à l'Autriche sous les murs même de Vienne: tel est le dénoûment de cette guerre d'Italie, terminée par le congrès de Rastadt, la prépondérance de la France, et le triomphe définitif du jeune officier d'artillerie. L'Angleterre seule résistait encore; tout le reste pliait: le Directoire irrité, glorieux et tremblant, remerciait son général. Les historiens ont représenté Bonaparte comme le destructeur de la République française. Il n'a rien détruit. Devant son succès, tout s'est abaissé, tout s'est anéanti; l'Autriche comme l'Italie, le Directoire comme le pape, les rivalités comme les haines; la France comme l'Europe.

Ce succès, résultat mathématique d'une science impérieuse, avait pour causes, l'habileté à saisir l'occasion, le talent de conduire les masses, la pénétration dans les instincts du soldat; c'est la mise en œuvre sur une vaste échelle, des qualités qui ont pris Toulon et mitraillé St-Roch: la spontanéité, l'entraînement et la simplicité des moyens. Mais Bonaparte a pressenti un plus brillant avenir.

Le général, ou plutôt le souverain de l'armée d'Italie a signé la paix de Campo-Formio, malgré le directoire.

Il revient en France, trop puissant pour ne point s'être at-
tiré la haine, trop dépendant pour la braver. La même
justesse de coup d'œil, première arme de son génie, qui
éclate dans toutes ses résolutions, lui révèle l'embarras
nouveau d'une situation mixte. Adoré du soldat, vénéré
par les officiers, craint par le Directoire, objet d'enthousiasme pour la foule; s'il fait un pas de trop, il peut tom-
ber; entre les Jacobins frémissants et le pouvoir jaloux,
la masse toujours faible lui offrira peu de secours. Le
gouvernement ne demande qu'à l'écarter, lui - même ne
demande qu'à s'éloigner, et pour cette éclipse momenta-
née, Bonaparte choisit l'expédition la plus fabuleuse, la
plus grandiose et la plus poétique qui se puisse trouver; s'isolant toujours, conservant sur son armée une
puissance exclusive et complète, séparant son nom et sa
gloire de toutes les intrigues contemporaines, ne cherchant
que l'éclat de la victoire en dehors des partis, et le succès
présent comme gage du succès futur. Il propose l'Egypte
comme but et comme conquête, et il satisfait le Directoire,
heureux de l'envoyer au bout du monde. Il échappe, en
s'éloignant, à la lutte confuse et aux mœurs ignobles de l'é-
poque. Il se réserve.

Pendant que l'agonie débauchée de la République se
débattait avec une violence misérable, parmi les complots
et les saturnales, au milieu du mépris que se renvoyaient
et méritaient les terroristes vaincus et les thermidoriens
vainqueurs, un nom magique venait ébranler la société
française jusque dans ses entrailles; nom sévère, brillant,
sans tache, gloire vierge de tout fanatisme politique, et
et que nulle faction ne s'était asservi : le nom de Bonaparte,
ses victoires africaines, traversaient la Méditerranée et re-

tentissaient d'un plus vif éclat en Europe. Il avait déjà pris le Caire, gagné les batailles de Chebreisse, des Pyramides et du Mont-Thabor, forcé l'admiration musulmane, planté la flamme tricolore sur les mosquées, et renouvelé les prodiges de Cyrus et de Sésostris, quand des lettres venues de France lui apprirent que la dissolution de ce grand corps, composé d'éléments insociables et dépravés, devenait chaque jour plus menaçante.

L'ambition partout, la moralité nulle part ; les factions nombreuses, aucun parti assez fort pour prévaloir ou assez estimé pour survivre ; l'Italie reperdue, la Hollande envahie, la Suisse ouverte, le trésor vide, le Directoire incertain, la France haletante et harrassée, ne voulant ni les Bourbons, ni la démocratie, ni les anciennes lois, ni le régime de Robespierre : voilà ce que trouve Bonaparte à son retour. Prenant aussitôt position, il parle en maître. Il gronde : « Qu'avez-vous fait, disaient ses proclamations, « de cette France que je vous ai laissée si brillante ? Je « vous ai laissé la paix, j'ai retrouvé la guerre. Je vous « ai laissé des victoires, j'ai retrouvé des revers. Je vous « ai laissé des millions d'Italie, jai retrouvé partout des « lois spoliatrices et la misère. Qu'avez-vous fait de cent « mille Français que je connaissais, tous mes compagnons « de gloire ? Ils sont morts. Un tel état de choses ne peut « durer. » L'homme qui parlait ainsi habitait une petite maison de la rue Chantereine, vêtu simplement, taciturne, attentif à tout, recevant les visites et les avances des partis ; écoutant les membres du directoire, ne se livrant jamais, et à lui seul plus fort que le gouvernement et le peuple. C'était une immense adresse que l'audace impérieuse de ses proclamations ; il s'essayait à dicter la loi, il vit qu'on l'acceptait; tout le monde s'empressait d'obéir; on courait au-devant du joug : il n'eut pas de peine à l'imposer. Il chassa de leurs palais des législateurs impuissants, on l'applaudit. Le 18 brumaire prouva l'abaissement universel et volontaire de la France, en face du maître nouveau. Ainsi Cromwell ferma les portes du parlement méprisé; ainsi Louis XIV, la cravache à la main, força le parlement français d'enregistrer ses édits, résultat d'une révolution accomplie, catastrophe qu'on a prise pour le drame. Il ne courait qu'un seul danger, le hasard d'une balle ou l'atteinte d'un poignard. Il affronta cette chance; le pouvoir et la France furent à lui.

Il avait eu raison de se croire maître; on aspirait de tous côtés à une organisation, régie par une volonté centrale. Bonaparte apportait seul ce qui manquait à la France. J'admire moins son audace à saisir une puissance qui venait à lui, que la prudence merveilleuse de sa marche mesurée. S'il avait essayé plus tôt d'usurper le pouvoir, la révolution française encore vivace l'eût écrasé. Au moment précis où l'unité devenait le secret besoin de toutes les âmes et le but de tous les espoirs, il constitua rapidement cette unité sous le titre de *Consulat*; ménagea la transition nécessaire de la démocratie à la monarchie, absorba dans sa personne l'action des trois Consuls; passa bientôt du consulat temporaire au consulat à vie, réconcilia les partis, rappela les exilés, releva la religion, protégea le commerce, traça des routes, associa l'idée de son élévation à l'idée de toutes les réformes, créa la Légion-d'Honneur, balaya les derniers vestiges du gouvernement révolutionnaire, frappa de mort tout ce qui s'opposait à ses desseins, même l'innocent duc d'Enghien, que peut-

être il voulut épargner; et fut empereur bien longtemps
avant d'en porter le titre, comme il avait été consul dès
ses campagnes d'Italie, généralissime avant d'être général,
et conquérant sous l'épaulette de chef de brigade.

La couronne impériale tombe, ou plutôt descend sur
cette tête prédestinée. Comment la France se passerait-
elle d'un roi? Comment la révolution s'achèverait-elle
autrement? Comment les partis déposeraient-ils leurs ar-
mes, si ce n'est en face d'un trône? Quel autre souverain accepterait-on? La nécessité nommait le général d'I-
talie, et le héros d'Égypte, le vainqueur, l'organisateur,
le représentant de l'ordre et de la victoire, l'homme de la république et du pouvoir, des temps nouveaux et de
l'avenir.

Le lieutenant d'artillerie est EMPEREUR.

Mais voici la plus grande tâche que Dieu ait imposée à
un homme. Ce monarque nouveau hérite à la fois de la
liberté et du despotisme, d'une révolution démagogique
et de l'unité formulée par la monarchie. La France veut
la paix, il l'apporte et l'annonce; il ne peut régner que par
la guerre, il la fait. Il commande à des hommes avides
d'honneurs, de richesses et de gloire; il faut les assou-
vir. Il règne sur un empire épuisé par les guerres civiles
et qui aspire au repos; il le donne. Toutes ces contradictions Bonaparte les a vaincues, et pendant quinze années.
Après cet espace de magnifique triomphe, le problème
insoluble a reparu. Le grand homme a péri, écrasé sous
son œuvre. Pouvait-il faire plus, vaincre la destinée,
immobiliser sa dynastie et concilier les irréconciliables
contrastes du sort et du temps? Nous ne le croyons pas.
Il a lutté avec grandeur contre une catastrophe invinci-

ble, comme la vie lutte contre la mort. Sa route n'avait que cette issue, non pour la France, dont il est le bienfaiteur, mais pour lui-même, qui se condamnait à servir ainsi la France. Que l'on y songe; chaque victoire était nécessaire à son pouvoir, et chacune d'elles le forçait à une victoire nouvelle; plus il multipliait, avec la nécessité de vaincre, le nombre de ses ennemis, plus il diminuait ses ressources, s'enlevait des chances de vie, et hâtait sa ruine. Un prodige continuel, ou plutôt une série de prodiges, ont seuls pu soutenir l'édifice impérial. Joueur qui doublait constamment son enjeu, qu'on nous dise à quelle époque il lui fut permis de s'arrêter? C'est connaître bien mal le génie français que de lui supposer assez de patience et de douceur pour souffrir longtemps sur le trône un guerrier devenu pacifique, un conquérant dépouillé de son auréole, un Empereur né de la révolution, héritant d'elle sans lui substituer la gloire. Un tel trône ne pouvait durer sans force militaire, et cette dernière ne se conserve et ne s'accroît pas dans la paix. Forcé d'user et de mettre à profit l'activité dévorante des générations nouvelles, Napoléon Bonaparte ne trouvait carrière pour elle que sur les champs de bataille; à la fin, entraîné par notre audace et la précipitant par son ambition, il consuma dans la violence de leur course, les roues enflammées de son char de gloire; résultat inévitable et qu'il recula par son génie, au lieu de le hâter par son imprudence, comme on l'a dit injustement.

L'épopée de l'empire, resplendissante comme la maturité de l'âge, succède à ce rapide dithyrambe des guerres d'Italie et du consulat, jeunesse de Bonaparte. Son génie particulier, fait pour régulariser, classer et disposer,

se déploie enfin sans entraves. Il satisfait notre besoin
d'unité centrale par le plus intelligent des despotismes,
et notre ardeur de liberté glorieuse par cette course armée à traverser l'Europe, qui humilie tous les trônes,
et rend tous les peuples nos vassaux. On lui reproche l'un
et l'autre de ces moyens, sans penser que l'accusation tombe
sur la France. Elle venait de faire éclore une armée d'am-
bitions qu'il fallait contenter. Elle réclamait la centralisa-
tion avec la gloire, et elle regrettait, par une inconciliable
bizarrerie, sa monarchie et son indépendance. Napoléon
lui donne la monarchie du glaive et l'indépendance des
camps. Mais le glaive protégeait la sécurité civile, déve-
loppait les arts de la paix, raffermissait les bases sociales,
ouvrait la voie à la civilisation, relevait le passé, et prépa-
rait l'avenir. Au milieu et comme à l'abri de ces guerres
formidables, le *Code Napoléon* s'est élaboré, l'administration s'est organisée, tous les fruits de la révolution se sont
mûris à la fois; éminemment civilisatrices, ses guerres ont
servi le progrès, au lieu de l'entraver; elles ont achevé la
fusion indispensable des nations européennes : si les hommes se fussent montrés justes, au lieu du tombeau de Ste-
Hélène, sa vieillesse eût trouvé pour asile un palais au centre
de l'Europe. L'histoire, au lieu de voir en lui l'aventurier
et le soldat de fortune, le jugera comme initiateur des nouvelles destinées du monde. Son nom rattache l'une à l'autre
l'ère des monarchies disparues, et l'ère des gouvernements
libres que le monde enfante avec peine aujourd'hui, tan-
dis qu'il établit par ses victoires la propagande française ;
il termine par son administration l'œuvre de Louis XI, de
Richelieu et de Louis XIV. Il semble avoir seul compris la
corrélation intime qui se trouve entre la révolution *et la mo-*

narchie. Révolution et *monarchie* détruisaient le moyen âge.
Or, c'est Napoléon qui efface jusqu'aux traces du moyen âge,
en organisant une France sans municipalité, sans groupes
isolés, sans libertés partielles, dénuée de centres indépen-
dants, soumise à l'action d'un centre énergique, dont la force
rayonne jusqu'aux extrémités et anime l'ensemble jusqu'à
la dernière limite de la circonférence. La République de
Robespierre continuait à son insu le travail de Louis XIV.
L'empire de Bonaparte réunit ces deux résultats; hostiles
en apparence, analogues en réalité. Ouvrier clairvoyant
de la destinée, placé par cette clairvoyance au-dessus de
toutes les passions et de tous les partis, Napoléon s'est
montré frère à la fois de César, de Charlemagne, de
Louis XIV et de Périclès.

C'est ainsi que l'histoire doit considérer les merveilles de
l'empire, les rois et les royaumes vaincus; l'Angleterre,
dernier asile de la féodalité, harcelée par une guerre à mort.
L'Italie et la Hollande réunies à la France; la Prusse e tl'Autriche humiliées. L'Espagne, autre sanctuaire du moyen
âge catholique, occupée par nos troupes; cinq coalitions
écrasées. Joséphine Beauharnais répudiée; la fille des Cé-
sars entrant dans le lit de Napoléon; la France comptant
cent trente départements et quarante et un millions d'habi-
tants; l'Italie, la Hollande, la Suisse, la Confédération du
Rhin, vassales de la France; cent millions d'Européens
dépendant d'une seule tête. Ce point culminant une fois
atteint, Bonaparte éprouve la réaction inévitable à laquelle
n'avaient échappé ni Charlemagne, ni Louis XIV. Reculer, c'était périr; avancer, c'était périr encore; mais périr
avec une gloire sans égale. Napoléon fit ce magnifique choix.
Le drame sanglant de l'Espagne, le drame plus tragique

encore de la retraite de Russie; la défection de tant d'alliés fatigués du joug ; la lassitude de la France; l'insurrection de l'Europe contre un homme trop grand pour elle, ouvrirent à Bonaparte, après de nouveaux miracles de génie, la prison de l'île d'Elbe, et bientôt après, le cachot de Sainte-Hélène; dans les cent-jours, on le vit, par sa seule présence, balancer l'Europe et lui servir de contre-poids. Du fond de son tombeau vous le voyez régir encore les conseils des peuples, présider aux destinés, donner l'éveil à l'Angleterre elle-même qui l'a, non pas vaincu, mais accablé.

Enfin, cette grande figure, qui dépasse toutes les proportions historiques, s'élève encore à mesure que les temps s'écoulent, car on n'avait aperçu de son vivant que l'action, le drame, la poésie extérieure de cette existence fabuleuse. Chaque jour découvre la profondeur et la philosophie, la justesse et la grandeur de cette pensée qui sera un objet d'étude éternelle pour l'homme politique, le législateur et le guerrier.

La confiance et la terreur de tant de victoires avaient enfin ameuté contre le triomphateur, non-seulement l'Europe armée, mais les populations pacifiques; joignez-y la fatigue de la France, l'or de l'Angleterre, l'énergie de l'Espagne, l'apathie de l'Italie et les vieux sentiments patriotiques de l'Allemagne, les glaces même de la Russie; il fallut bien succomber! Titan avait lutté contre les mondes, et le moment fatal arriva. Des prodiges de calcul, de valeur et de génie ne firent que reculer ou amortir la chute de cette avalanche depuis si longtemps accumulée et suspendue.

Si l'on se reporte au temps dont nous parlons, et que l'on parcoure du regard ces champs de bataille couverts de morts, ces nations décimées, lasses de combattre, ces trésors épuisés, ces rois pâles et inquiets, ce commerce européen en échec, et tout cela subissant une seule volonté, écrasé par une seule main, on reconnaîtra l'inévitable catastrophe contre laquelle Napoléon et son pouvoir vinrent nécessairement se heurter. Cet homme miraculeux était monté si haut et si loin, que l'air respirable lui manquait. Il fut sublime de sang-froid et de présence d'esprit dans sa chute ; mais on aurait tort de l'attribuer, ce dénoûment terrible, au malheur des combats ou à des trahisons partielles ; il luttait contre l'impossible. Avant lui, deux hommes, moins grands que lui, mais habiles, Charles-Quint et Louis XIV, avaient essayé la domination universelle ; l'un et l'autre avaient expié leur illusion : l'un par la solitude de son abdication, l'autre par les douleurs de sa vieillesse. C'était leur faute ; ils auraient pu régner glorieusement, sans aspirer à l'omnipotence européenne. Bonaparte ne le pouvait pas. La révolution de France s'était résumée et incorporée en lui ; il en était le champion armé, le type redoutable et le propagateur nécessaire. Comme tel, il se trouvait l'ennemi de tous les intérêts anciens, de la féodalité, de la légitimité, de la papauté, des priviléges et des institutions que le moyen âge avait fait naître. Ces institutions encore vivantes et florissantes, en Angleterre surtout, lui déclaraient une guerre à mort. La situation centrale et européenne du pays qu'il commandait ne lui permettait pas de se renfermer, comme Cromwell, dans une île battue des flots, et indépendante, par son isolement, du mouvement général de l'Europe. Il lui fallait la légitimité de la victoire, et s'il ne la renouvelait sans cesse, aussitôt ses titres s'effaçaient. Il joua donc ce jeu terrible avec un

courage, avec une prudence, avec une persévérance, une
précision qui semblent dépasser les facultés humaines.
Des millions d'ennemis redoutables par leur masse, sinon
par leur habileté, suscités de tous les coins du globe, ve-
nus du Caucase et de l'Andalousie, le culbutèrent. Alors
il y eut tant de respect pour lui et tant d'estime, que les
vainqueurs, ou ceux qui se donnaient ce titre, ne vou-
lurent ou n'osèrent pas le traiter autrement qu'en roi. La
petite principauté de l'île d'Elbe fut transformée en royau-
me; et le front sublime, consacré par un diadème plus
éclatant que celui de Charlemagne, fut investi de cette
nouvelle et chimérique couronne. On croyait ménager
ainsi, à la fois, le repos de l'Europe et les convenances
imposées par le souvenir de tant de gloire : mais c'était
bien mal calculer.

Cet homme isolé, sans trésors et sans troupes, auquel
on livrait un îlot ferrugineux, battu des flots de la Méditerranée, était encore plus puissant que tous les trônes.
On l'avait désarmé; on le croyait du moins : mais ce qu'on
ne lui avait pas ôté, c'était toute la masse d'idées, d'intérêts et de passions qu'il représentait. Sur son rocher, il
portait avec lui la France nouvelle, la révolution, l'avenir, enfin son propre génie. Au premier moment, ayant
la conscience de sa force, il part avec quelques affidés,
débarque en France, la traverse en vainqueur, arrive aux
Tuileries, chasse devant lui, sans coup férir, le vieux roi,
symbole du vieux monde, comme lui-même est représentant du monde nouveau, et recommence son combat contre l'Europe.

Mais le voile était déchiré; il était empereur par la
grâce de la révolution, et la révolution apparaissait der-

rière comme sa reine et sa mère. Toute l'habileté de son règne avait consisté à masquer cette vérité fatale sous les trophées de la victoire et les magnificences de la royauté. Une fois connue et établie, elle acheva de le tuer. Waterloo et son désastre ne furent que des accidents, non des causes. Le prestige de l'invincible empire était détruit; d'ailleurs, Bonaparte empereur ne se résolvait pas à subir la loi d'une charte démocratique. De là les incertitudes, les longueurs, les contradictions qui marquèrent la période des *cent-jours;* de là ce douloureux et lent supplice de Sainte-Hélène, supplice de Prométhée, où le vautour de la gloire passée dévorait ce noble cœur, loin de l'Europe remuée par sa parole et son génie.

Napoléon n'est pas seulement l'homme du présent; c'est l'homme de l'avenir. L'histoire le regardera comme prédestiné à clore définitivement la période féodale. C'est sous sa main que tombent, pour ne plus se relever, les derniers débris du moyen âge. Il est l'organisateur du monde nouveau. Le *Code Napoléon,* expression des conquêtes de la philosophie dans les lois; l'administration régularisée et ramenée à un centre puissant, sont les deux mobiles gigantesques de ce changement opéré, éternisé par Napoléon.

L'ancienne société reposait sur des priviléges isolés et sur des groupes distribués de manière à former une hiérarchie d'inégalités équilibrées. Là société nouvelle, qui ne fait qu'apparaître encore, ne veut pas d'inégalités dans le droit, et les souffre à peine dans la propriété; c'est pour elle que Bonaparte a organisé l'ordre nouveau en rapport avec des besoins auparavant inconnus. La grande machine politique, à laquelle il a mis la dernière main, se trouvait préparée par les travaux antécédents et les assemblées législatives de Colbert, de Sully et de Louis XI : mais ces derniers, précurseurs plutôt que fondateurs, n'avaient rien laissé que d'incomplet. Le génie mathématique de Napoléon, s'emparant des éléments épars que le passé lui léguait, les a disposés, groupés et formulés avec une puissance de cohésion, une grandeur et une sagacité de coup d'œil qui étonnent la pensée. Législateur et ordonnateur d'un monde futur, il l'a préparé, non-seulement, par ce qu'il a créé, mais encore par ce qu'il a renversé. Le monde antérieur, le monde du moyen âge était fils de la guerre. Bonaparte, en réduisant la guerre à une succession de problèmes et d'équations, en a détruit les chances, et par conséquent l'a détruite.

Depuis que la tombe solennelle de Sainte-Hélène s'est fermée sur cet homme merveilleux, voyez combien l'Europe instruite par ses leçons, est hostile aux entreprises guerrières! Tous les arsenaux sont pleins; toutes les armées sont en bon état; les sentiments de haine ou de jalousie ne manquent pas; mais on ne se bat point.

C'est Bonaparte, qui a réduit les champs de bataille à n'être plus que des échiquiers dont chaque nouveau coup se calcule aisément Enfin celui que nous avons pu nommer tout à l'heure le fondateur de la civilisation pacifique est en même temps le dernier et le plus grand de tous les génies guerriers.

Au moment où je faisais imprimer cette notice, la France, ou plutôt l'Europe, avide d'assister à la réalisation des vœux d'un grand homme, députait ses illustrations à la capitale qui devait recevoir ses dépouilles mortelles.

Les débris de ces armées qu'il avait tant de fois ramenées triomphantes venaient assister à ce grand spectacle. — L'ingratitude des peuples et la colère des Rois humiliés se taisaient.

Enfin par une expiation sublime, on reconnaissait le mérite et la grandeur du bienfait, les sacrifices du législateur, la beauté de sa vie, la douleur de sa mort; et toutes les passions émues, s'effaçant devant un cercueil, ne trouvaient plus que des regrets, des larmes et des hommages.

Etrange et triste destinée! Semer la gloire sur sa patrie, renoncer à la justice et à la reconnaissance de ses contemporains, créer, au prix de ses veilles et de l'exil, de nouvelles voies de prospérité pour sa nation, accepter en échange d'une couronne, l'injustice et l'ingratitude, exposer des actions héroïques à la maligne curiosité de l'histoire, et recevoir comme récompense l'isolement sur un rocher désert!

Ce titre de roi ou d'empereur est-il assez payé! Représentant de tous, objet d'envie et de haine, il lui faut mépriser les attaques de chacun et poursuivre sa route glorieuse, à la fois victime et héros. — Que d'accusations insensées, que de lâches calomnies, que d'odieuses injures! Celui-ci était un tyran, celui-là un renégat.

Henri IV, Guillaume III et Napoléon n'ont pas échappé à cette destinée! Que de douleurs et d'angoisses ne trouverait-on pas dans les palais des rois, si ceux qui se plaignent et qui les attaquent pénétraient dans le sein de ces demeures, et s'ils pouvaient savoir ce que coûtent les pompes de la grandeur et l'orgueil apparent du pouvoir!

Nous avons tous vu le plus glorieux nom de la France traîné par la fureur des partis dans la fange des invectives. C'est pourtant le nom de celui qui nous a légué une société organisée, et qui, en rassasiant de triomphes le peuple français, lui ouvrit cette carrière où tous les arts de la paix, toutes les sciences, toutes les industries se déploient librement.

Cependant, nous voulûmes d'autres maîtres, d'autres destinées : Dieu nous les donna. Au lieu d'un despotisme couvert de trophées, riche de gloire et d'indépendance, nou trouvâmes une capricieuse et étroite servitude qui humiliait la France sans l'enrichir. Ce joug déjà trop lourd, on voulut l'appesantir par des ordonnances ; la Charte fut déchirée. Alors sous un soleil ardent, le géant saisit son vieux drapeau d'une main, de l'autre enleva un roi de son trône vermoulu, et fit répéter à l'Europe le mot presque effacé que portait sa bannière, le mot : *liberté*, puis il transporta ce roi, sans lui faire de mal, aux frontières de la France, beau pays qu'il ne devait plus revoir. Infortuné vieillard, deux fois banni, et qui, le pied déjà posé dans le caveau royal de Saint-Denis, s'en va, pèlerin désolé, mourir loin de sa patrie.

Le peuple vint s'asseoir en haillons sur le trône conquis, mais il s'y trouva mal à l'aise ; il lui fallait un guide. Qui osera le gouverner, ce grand enfant, ivre encore de liberté ? qui bravera ses colères, ses aveuglements et son orgueil ?

Un prince élevé à l'école du malheur, nourri jadis du pain du peuple, accepta cette pénible tâche, et depuis dix années, que de périls bravés ! que de tempêtes essuyées ! que d'obstacles aplanis ou vaincus ! Combler le vide des finances, réorganiser et réparer la marine, armer les arsenaux, déjouer, désarmer et effrayer les coalitions, assurer le sort des colonies, rétablir l'ordre à l'intérieur, embellir nos cités, créer des routes, creuser des canaux, encourager et activer les chemins de fer, ces veines du commerce et de l'industrie, tels ont été les objets de sa sollicitude constante ; et Dieu sait quelles épreuves il a dû subir.

Pauvre reine, triste épouse, mère éplorée! souvent hélas! au pied du Christ que vous savez adorer. vous lui avez demandé, sans doute, pourquoi les douces joies de votre beau Palais-Royal vous étaient enlevées? vos lamentations ont retenti dans tous les cœurs.

Mais il est beau, mais il est grand de marcher à la tête du peuple français, qui marche à la tête des nations. Après l'épée qui venge les injures et protége la nationalité, après la gloire et le triomphe, après le repos qui succède aux époques d'efforts énergiques, le temps et l'homme providentiels arrivent, qui emploient les forces renaissantes des empires et fondent la puissance sur les richesses tout en aiguisant le glaive qui éloigne les usurpateurs.

Il est digne de cette grande mission, celui qui a rendu à l'admiration reconnaissante et à la tardive justice de la France, ces dépouilles sublimes arrachées aux rochers et aux flots qui menaçaient de les envahir.

C'était un beau cortége que celui de ces vieux généraux qui avaient si souvent pressé les mains victorieuses de Napoléon.

C'était un digne chef, que ce jeune fils de roi auquel la France avait donné mission de lui ramener son Empereur. et qui avait juré de s'ensevelir sous les débris de son vaisseau, plutôt que de voir flotter sur sa poupe un pavillon ennemi.

E. DUTILLEUL.

www.ingramcontent.com/pod-product-compliance
Lightning Source LLC
Chambersburg PA
CBHW051341060726
47596CB00004B/1725